Brieftraining für Deutschlerner

Kopiervorlagen, auch für Alphaklassen

Überarbeitete Neuauflage November 2017

Gisela Darrah

Herstellung und Verlag:

BoD - Books on Demand, Norderstedt

ISBN 978-3-8482-5153-7

Inhaltsverzeichnis

Briefe: formell oder halbformell   5

1. Einladung   6

2. Positive Antwort   13

3. Negative Antwort   20

4. Bewerbung   27

5. Reklamation   35

6. Einen Nachbarn oder Kollegen um Hilfe bitten   43

7. Bitte um Information (Anfrage)   51

8. Kündigung   58

9. Lösungsteil für die Übungen   66

10. Anmerkungen für Kursleiter   69

Der Brief: formell - halbformell

> **Formell: An Firmen, Ämter, Geschäfte und an Personen, die man nicht so gut kennt.**

Anrede:

(Wenn ich nicht weiß, wer den Brief bekommt:)

Sehr geehrte Damen und Herren,

(Wenn ich einen Namen weiß:)

Sehr geehrte Frau Müller,

Sehr geehrter Herr Meier,

(An Ehepaare:)

Sehr geehrte Frau Meier, sehr geehrter Herr Meier,

Sehr geehrtes Ehepaar Meier,

Grußformel:

Mit freundlichen Grüßen

> **Halbformell: An Nachbarn, Lehrer oder Arbeitskollegen**

Anrede:

Liebe Frau Müller,

Lieber Herr Meier,

Grußformel:

Freundliche Grüße / Beste Grüße / Herzliche Grüße

Viele Grüße / Mit vielen Grüßen / Mit freundlichen Grüßen ..

1. Einladung
Aufgabe 1

Setzen Sie diese Wörter an den passenden Stellen ein:

Spezialitäten - Feier - Bescheid - Dank - herzlichen

Liebe Kollegen,

vielen ...., dass Sie mir beim Umzug geholfen haben.

Ich möchte Sie deshalb zu einem guten Essen bei mir zu Hause

einladen. Ich koche .... aus meiner Heimat

Griechenland.

Die .... findet am 08. 09. um 19 Uhr statt.

Bitte sagen Sie mir ...., ob Sie kommen können.

Mit .... Grüßen

Mikos

1. Einladung
Aufgabe 2

Setzen Sie diese Wörter an den passenden Stellen ein:

geben - Feier - Grüßen - Liebe - Hochzeit

.... Familie Müller,

Stefan und Anna heiraten.

Wir möchten Sie ganz herzlich zur .... einladen.

Die .... findet am 18. 05. um 17 Uhr im Hotel

"Holiday Inn" statt.

Bitte .... Sie uns Bescheid, ob Sie kommen können.

Mit besten ....

Annemarie und Peter Wolf

1. Einladung

Aufgabe 3

<u>Finden Sie 8 Rechtschreibfehler in diesem Brief. Schreiben Sie den Brief richtig.</u>

Martha Schmitt

Bahnhofstraße 9

45322 Neudorf

Herr und Frau Maier

Im Stadtgraben 12

87343 Altstadt   10. 12. 20...

Seer geherrte Frau Maier, seer geherrte Herr Maier,

hiermit möchten wir Ihnen zu der Hochzeit unserer Tochter einladen.

Die Feier findet im 19. 12. 20.. am Restaurant "Kupferpfanne" um 19 Uhr statt.

Bitte geben Sie uns Bescheid, ob Sie kommen können.

Mit freundlichen Grüßen

Martha Schmitt

1. Einladung   *Aufgabe 4*

Grammatik zum Brief - zu mit Dativ

<u>Setzen Sie ein: <u>**zum**</u> oder <u>**zur**</u></u>

....

die Hochzeit – die Verlobung- die Ausstellung – die Konfirmation –
das Jubiläum - das Sommerfest – das Abendessen – das Elterngespräch –
das Picknick – der Geburtstag

....

1. Ich lade Sie herzlich .... Jubiläum unserer Firma ein.

2. Wir möchten Sie .... Hochzeit unseres Sohnes einladen.

3. Der Kindergarten möchte Sie .... Sommerfest einladen.

4. Bitte sagen Sie Bescheid, ob Sie .... Verlobung unserer
Tochter kommen können.

5. Wir laden Sie ganz herzlich .... Abendessen bei uns ein.

6. Bitte kommen Sie .... Elterngespräch am 24. 03. ...

7. Wir möchten Sie .... 50. Geburtstag meines Mannes
einladen.

8. Wir laden alle .... Ausstellung im Rathaus ein.

9. Herzliche Einladung .... Konfirmation unserer Tochter.

10. Bitte kommen Sie .... Picknick im Park am ...

1. Einladung, *Aufgabe 5*
Grammatik zum Brief : **Trennbare Verben**
Schreiben Sie Sätze aus diesen Stichwörtern:

1. wir - einladen - Sie - zum - Frühstück - auf der Terrasse

....

2. die Geburtstagsfeier - stattfinden - im Restaurant Grüner Baum

....

3. bitte - anrufen - Sie - uns - so schnell wie möglich

....

4. der Vortrag - stattfinden - am Mittwoch Abend - im Rathaus

....

5. ich - möchten - einladen - Sie - zum Abendessen

....

6. ich - Sie einladen - zur Silberhochzeit - ins Restaurant Berghütte

....

7. Sie - können - uns - anrufen - abends nach 17 Uhr

....

1. Einladung, Redemittel

Grundstruktur:

....

Wir möchten Sie ganz herzlich einladen.

Die Feier / Party findet am .... (Datum)um ....(Uhrzeit) statt.

Bitte geben Sie uns Bescheid, ob Sie kommen können.

Mit freundlichen Grüßen

....

Mögliche Varianten:

....

Wir heiraten. /Wir verloben uns. /Mein Mann feiert seinen 50. Geburtstag.

Die Firma feiert ihr 25. Jubiläum. /Wir feiern ein Betriebsfest.

Wir möchten Sie ins Restaurant .... einladen.

Wir möchten Sie bei uns zu Hause zum Essen einladen.

Wir kochen Spezialitäten aus unserer Heimat.

Dazu möchten wir Sie ganz herzlich einladen.

Bitte kommen Sie auch. Wir freuen uns auf Sie.

Wenn Sie kommen können, rufen Sie an oder schreiben Sie eine E-Mail.

Wir bitten um Rückmeldung, ob Sie kommen können.

Mit besten Grüßen / Viele Grüße

....

1. Einladung, Schreibaufgaben

Aufgabe 1:

Sie möchten Ihre neuen Arbeitskollegen Frau Müller und Herrn Fritz zum Abendessen einladen, am Samstag, dem 14. 09. im Restaurant "Zum Adler". Sie möchten beide besser kennen lernen.

- Grund der Einladung
- Ort und Zeit
- Bitte Rückmeldung!

....

Aufgabe 2:

Ihr Sohn heiratet. Sie laden viele Gäste ein. Die Feier ist in der Festhalle, in der Schmittstraße 24, am 18. 11. Sie laden auch Familie Müller ein.

- Grund der Einladung
- Ort und Zeit
- Bitte Rückmeldung!

....

Aufgabe 3:

Ihre Frau hat Geburtstag. Sie möchten Ihre neuen Nachbarn Herrn und Frau Grün dazu einladen. Schreiben Sie die Einladung.

- Grund des Schreibens
- Termin
- Wo?
- Was Sie vorbereiten werden

2. Positive Antwort
Aufgabe 1

Die Sätze in diesem Brief sind nicht in der richtigen Reihenfolge.
Schreiben Sie den Brief richtig.

....

Ja, ich habe Zeit und komme gern . Ich bringe auch meinen Mann mit.

....

Mit freundlichen Grüßen

Angelika Weiß

....

vielen Dank für die Einladung zur Weihnachtsfeier in der Firma.

....

Sehr geehrte Frau Hoffmann,

....

Wir kommen pünktlich um 19 Uhr, aber wir müssen etwas früher nach Hause gehen, so gegen 21 Uhr.

....

Wir müssen am nächsten Tag früh aufstehen, weil wir nach Kuba in Urlaub fahren.

....

2. Positive Antwort
Aufgabe 2

Wie heißen die Wörter in Klammern? Verwenden Sie alle Buchstaben.

Liebe Nachbarn,

vielen herzlichen (knaD)......................... für die Einladung zur

Grillparty. Wir kommen (ichnaütrl)..

sehr gern. Sollen wir noch etwas (ribenngtim)...........................?

Vielleicht Getränke oder einen Kuchen?

Können wir auch die (driKne)............................... mitbringen?

Hoffentlich wird das (reWett)................................. schön.

Eine Bitte haben wir noch. Wir essen kein (schScheiweinefl)

.... Bitte denken Sie daran. Wir essen aber

 Fisch oder Hähnchen. Oder gegrilltes Gemüse. Das ist auch
lecker.

Viele (üGrße) ....

Mustafa Duran

*2. Positive Antwort, **Aufgabe 3***
Grammatik zum Brief : Akkusativ

Schreiben Sie Sätze nach den Stichworten:

Beispiel: ich - Mann?
Kann ich auch meinen Mann mitbringen?

1. wir - Tochter?

....

2. wir - Kinder?

....

3. ich - Bruder?

....

4. wir - Schwiegervater?

....

5. ich - Schwägerin?

....

2. *Positive Antwort, **Aufgabe 4***

Grammatik zum Brief : sich freuen auf + Akkusativ

---

ich freue mich, du freust dich, er freut sich, wir freuen uns, ihr freut euch, sie freuen sich

---

Schreiben Sie Sätze wie im Beispiel:

Beispiel: ich - die Feier   Ich freue mich auf die Feier.

1. *wir - das Fest*

....

2. *du - der Vortrag*

....

3. *ich - der Sonntag*

....

4. *ihr - das Betriebsfest*

....

5. *die Kinder - die Grillparty*

....

2. Positive Antwort, *Aufgabe 5*
Grammatik zum Brief : *Indirekte Fragesätze*

„Wie lange dauert das Fest?" - Ich möchte gern wissen, **wie lange** das Fest dauert.

„Was soll ich mitbringen?" - Ich möchte gern wissen, **was** ich mitbringen soll.

„Kommt Frau Müller auch?" - Können Sie mir noch sagen, **ob** Frau Müller auch kommt?

<u>Schreiben Sie Sätze nach diesen Stichwörtern:</u>

1. ob - auch vegetarisches Essen - da sein

....

2. ob - wir - einen Salat mitbringen - sollen

....

3. wann - das Konzert - zu Ende sein

....

4. wie viele Personen - kommen - werden

....

5. wo - ich - dort parken können

....

2. Positive Antwort, Redemittel

Grundstruktur:

....

Vielen Dank für die Einladung.

Ja, ich komme gern zur Party / zur Geburtstagsfeier / zum Betriebsfest.

Ja, ich kann mithelfen. / Ja, ich kann die Vertretung übernehmen.

Wir freuen uns auf das Fest. / Ich freue mich auf das Fest.

....

Mögliche Varianten:

....

Vielen Dank für die freundliche Einladung. Wir kommen gern.

Ich bedanke mich herzlich für die nette Einladung.

Ihre Einladung nehmen wir gerne an.

Gern helfe ich bei der Schulabschlussfeier mit.

Ich kann einen Kuchen mitbringen und zwei Stunden bei der Kuchenausgabe helfen.

Die Vertretung von Frau .... übernehme ich gern.

Ich kann Frau .... vertreten.

....

Einschränkung, Rückfrage

....

Allerdings muss ich um 18 Uhr gehen, ich habe noch einen Termin.

Ich kann helfen, aber nur bis .... Uhr.

Ich habe noch eine Frage: Wie lange dauert das Sommerfest?

Ich möchte gern noch wissen, wie lange das Fest dauert.

2. Positive Antwort, Schreibaufgaben

1. *Walter Schmidt feiert seinen 60. Geburtstag. Sie sind auch eingeladen.*

- *Sie danken für die Einladung*

- *Sie kommen gern*

- *Ihre Frau/Ihr Mann kommt auch*

- *Sie freuen sich*

....

2. *Sie bekommen eine Einladung. Ihre Firma feiert am 17. Dezember ein Betriebsfest. Frau Gabel organisiert die Feier. Es gibt ein großes Abendessen und ein Konzert. Jeder soll ein kleines Geschenk für einen Kollegen mitbringen.*

- *Sie danken für die Einladung*

- *Sie kommen gern*

- *Sie bringen auch ein Geschenk mit*

- *Sie freuen sich.*

....

3. *Der Kindergarten macht ein Sommerfest. Die Lehrerin fragt, ob sie mithelfen können. Frau Eppstein organisiert das Fest.*

- *Sie können am Nachmittag mithelfen, aber nur zwei Stunden.*

- *Was mitbringen?*

- *Wie lange dauert das Fest?*

- *ältere Tochter mitbringen?*

....

4. *Ihr Chef Walter Sand fragt, ob Sie am Samstag Überstunden machen können. Ein wichtiger Auftrag muss fertig werden. Sie arbeiten normalerweise nur montags und freitags. In Ihrem Arbeitsvertrag sind Überstunden nicht vorgesehen.*

- *Sie können am Samstag arbeiten.*

- *Nur bis 15 Uhr.*

- *bezahlt? Oder einen anderen Tag freibekommen?*

- *Wann morgens anfangen?*

3. Negative Antwort

Aufgabe 1

<u>Setzen Sie diese Wörter an den passenden Stellen ein:</u>

freitags - Termin - arbeiten - Einladung - Verständnis

Sehr geehrte Frau Schäfer,

vielen Dank für die .... zum Elterngespräch.

Leider kann ich nicht kommen, weil ich an diesem Abend

.... muss. Können Sie mir einen anderen ....

für ein Gespräch vorschlagen? Ich arbeite nur mittwochs

und .... von 18 - 22 Uhr.

Vielen Dank für Ihr ....

Mit freundlichen Grüßen

Aneta Pietras

3. Negative Antwort

Aufgabe 2

Setzen Sie diese Wörter an den passenden Stellen ein:

Deutschland - Grüßen - Dank - geehrte - Betriebsfest

Sehr .... Frau Anderweit,

vielen Dank für die Einladung zum ....

Leider kann ich nicht kommen. Meine Eltern aus Brasilien sind

nur wenige Tage in .... und ich möchte die Zeit mit

ihnen verbringen.

Vielen .... für Ihr Verständnis.

Mit freundlichen ....

Paolo Gomez

3. Negative Antwort, *Aufgabe 3*
Grammatik zum Brief: *Wortstellung im Satz*

<u>Fügen Sie in diese Sätze das Wort "leider" ein. Schreiben Sie zwei Varianten:</u>

Beispiel:

Ich kann nicht zum Betriebsfest kommen.

***Leider** kann ich nicht zum Betriebsfest kommen.*

*Ich kann **leider** nicht zum Betriebsfest kommen.*

1. Wir können nicht an der Veranstaltung teilnehmen.

....

....

2. Meine Tochter kann morgen nicht zur Schule kommen.

....

....

3. Ich kann beim Sommerfest nicht helfen.

....

....

*3. Negative Antwort, **Aufgabe 4***
   *Grammatik zum Brief: **Nebensatz mit "weil"***

<u>Schreiben Sie Sätze wie im Beispiel:</u>

Beispiel: Ich kann nicht zur Geburtstagsfeier kommen, weil ich krank bin.

1. ich - nicht zur Verlobung kommen - auf Geschäftsreise sein

....

2. Petra - nicht zum Deutschkurs kommen - einen Termin haben

....

3. Kai - nicht beim Umzug helfen - Grippe haben

....

4. Oliver - am Wochenende nicht mitkommen - müde sein

....

5. Ich - nicht mit ins Kino gehen - den Film nicht gut finden

....

....

3. Negative Antwort, Entschuldigung, Absage   Redemittel

Grundstruktur:

....

Danke für die Einladung.

Leider kann ich nicht zu .... kommen.

Ich habe einen wichtigen Termin. / Ich bin krank. / Ich muss arbeiten. /

Ich habe viel zu tun. / Ich habe keinen Urlaub.

Können Sie mir einen anderen Termin vorschlagen?

Vielen Dank für Ihr Verständnis.

Ich wünsche allen eine schöne Feier.

....

Mögliche Varianten:

....

Leider ist es mir nicht möglich, den Termin wahrzunehmen.

Ich bin seit .... krank und kann leider nicht kommen.

Es tut mir sehr leid, aber ich kann an dem Tag nicht kommen, weil meine Tochter einen wichtigen Arzttermin hat.

Ich kann leider nicht kommen, weil ich zu dieser Zeit noch arbeite.

Leider kann ich nicht kommen, weil ich an diesem Abend eine wichtige Familienfeier habe.

Vielleicht können wir den Termin auf einen anderen Tag verlegen.

Bitte schlagen Sie mir einen anderen Termin vor.

Ich könnte am .... um .... zu Ihnen kommen. Hätten Sie da Zeit?

Ich wünsche allen viel Spaß bei der Feier.

3. Negative Antwort, Absage, Entschuldigung: Schreibaufgaben

1. Sie haben eine Einladung zu einem Elterngespräch in der Schule bekommen. Der Klassenlehrer, Herr Heidenreich, möchte mit Ihnen sprechen. Sie müssen an diesem Abend arbeiten.

- Grund des Schreibens
- Entschuldigung
- Warum können Sie nicht kommen?
- anderer Termin?

....

2. Die Firma xx macht an einem Samstag Abend ein Betriebsfest. Sie können nicht kommen, weil Ihre Eltern aus Russland zu Besuch sind. Sie wünschen den anderen eine schöne Feier. Herr Brand organisiert das Fest.

- Bedanken Sie sich für die Einladung.
- Entschuldigen Sie sich.
- Warum können Sie nicht kommen?
- Sie wünschen den anderen eine schöne Feier.

....

3. Ihr Chef Horst Kleinert hat gefragt, ob Sie die Kollegin Frau Weiß am Freitag Nachmittag vertreten können. Normalerweise haben Sie freitags frei. Sie haben einen wichtigen Termin beim Finanzamt.

- Grund des Schreibens
- Entschuldigung
- Warum können Sie nicht kommen?
- andere Kollegin?

4. Sie haben eine Einladung zu einer Hochzeit bekommen. Sie fahren aber an diesem Wochenende auf Geschäftsreise.

- Grund des Schreibens

- Entschuldigung

- Warum können Sie nicht kommen?

- Gute Wünsche

....

5. Ihre Nachbarin Frau Huber hat Sie zu einer Geburtstagsfeier eingeladen. Sie können aber nicht kommen, weil Ihre Mutter krank ist. Sie fahren zu ihr nach München.

- Grund des Schreibens

- Entschuldigung

- Warum können Sie nicht kommen?

- Gute Wünsche

....

6. Ihr Deutschkurs macht eine Feier. Sie können nicht teilnehmen, weil Sie einen wichtigen Termin beim Konsulat in Frankfurt haben. Sie schreiben eine E-mail an die Lehrerin Frau Schäfer.

- Grund des Schreibens

- Entschuldigung

- Warum können Sie nicht kommen?

- Gute Wünsche

4. Bewerbung

Aufgabe 1

Setzen Sie diese Wörter an den passenden Stellen ein:

```
Fahrer - Grüßen - Frau - Anzeige - Firma - suchen
```

Sehr geehrte .... Agören,

ich habe Ihre .... in der Zeitung "Mannheimer

Morgen" gelesen. . Sie .... einen Fahrer.

Ich habe bei .... Fiege neun Jahre als Fahrer

gearbeitet. Ich interessiere mich sehr für die Arbeit als ....

Mit freundlichen ....

Peter Müller

4. Bewerbung

Aufgabe 2

Setzen Sie diese Wörter an den passenden Stellen ein:

vorstellen - Damen - Produktionshelfer - freundlichen - Anzeige - gearbeitet

Sehr geehrte .... und Herren,

ich habe Ihre .... im Internet gelesen. Sie suchen

einen .... Ich habe 15 Jahre bei Firma

Berger in Mannheim in diesem Beruf ....

Wann kann ich mich bei Ihnen ....?

Mit .... Grüßen

Ali Öztürk

4. Bewerbung

Aufgabe 3

<u>Setzen Sie diese Wörter an den passenden Stellen ein:</u>

Bäckerei - Herren - Deutschkurs - Anzeige - Grüßen - Verkäuferin

Sehr geehrte Damen und .... ,

ich habe Ihre .... im "Nibelungenkurier"

gelesen. Die Arbeit als .... interessiert mich

sehr. Ich habe fünf Jahre als Verkäuferin in

einer .... gearbeitet.

Momentan mache ich einen ....

Mit freundlichen ....

Fatma Agirman

4. Bewerbung

Aufgabe 4

<u>Setzen Sie diese Wörter an den passenden Stellen ein:</u>

interessiere - Führerschein - gelesen - Jahre - freundlichen

Sehr geehrter Herr Maier,

ich habe Ihre Anzeige im Internet .... Sie suchen

einen Fahrer.

Ich habe einen .... Klasse 3. Bei Firma Weber

in Worms habe ich drei .... als Fahrer gearbeitet.

Ich .... mich sehr für die Arbeit als Fahrer.

Mit .... Grüßen

Mustafa Karakuyu

4. Bewerbung

Aufgabe 5

Setzen Sie diese Wörter an den passenden Stellen ein:

Einladung - Arbeitsagentur - Mit - Frisörsalon - Frisörin

Sehr geehrte Frau Huber,

ich habe Ihre Adresse von der ....

bekommen. Sie suchen eine ....

Ich habe über fünf Jahre in einem ....

.... gearbeitet.

Über eine .... zu einem persönlichen

Gespräch würde ich mich freuen.

.... freundlichen Grüßen

Hatice Bektas

4. Bewerbung, Redemittel

Grundstruktur

....

Ich habe Ihre Anzeige in der Zeitung / im Internet gelesen. Sie suchen ....

Ich habe ihre Adresse von der Agentur für Arbeit bekommen.

Ich habe .... Jahre als .... gearbeitet.

Ich habe eine Ausbildung als .... gemacht.

Zur Zeit arbeite ich als ....

Momentan mache ich einen Deutschkurs.

Zurzeit bin ich arbeitssuchend.

Ich interessiere mich sehr für die Arbeit als ....

Über eine Einladung zum Vorstellungsgespräch würde ich mich sehr freuen.

....

Mögliche Varianten:

....

Mit großem Interesse habe ich Ihre Anzeige im „Waldheimer Morgen" gelesen.

Ich habe schon einige Jahre als .... gearbeitet.

Ich habe in diesem Beruf viel Erfahrung.

In meinem Heimatland habe ich als .... gearbeitet.

Ich verfüge über .... Jahre Berufserfahrung als ....

Zur Zeit arbeite ich teilzeitlich in einer Pizzaria.

Ich bin es gewohnt, körperlich schwer zu arbeiten. (z. B. Maurer)

Menschen zu helfen, ist für mich eine wichtige Aufgabe. (z. B. Krankenschwester)

Meine Zeugnisse und Unterlagen liegen diesem Schreiben bei.

4. Bewerbung um eine Arbeitsstelle, Schreibaufgaben

1. *Sie sind Verkäufer, -in von Beruf. Sie sehen in der "Wormser Zeitung" eine Anzeige vom Kaufhaus Gutkauf. Sie schreiben an Frau Katz und bewerben sich.*

- *Grund des Schreibens*

- *Ihre Qualifikation*

- *Tätigkeit im Moment*

- *Interesse am Job*

....

2. *Sie sehen im Internet eine Anzeige. Firma Vola sucht einen Produktionshelfer, -in. Sie bewerben sich.*

- *Grund des Schreibens*

- *Ihre Qualifikation*

- *Tätigkeit im Moment*

- *Interesse am Job*

....

3. *Die Agentur für Arbeit hat Ihnen die Adresse von Firma Waso gegeben, die einen Fahrer/eine Fahrerin sucht. Sie schreiben an Frau Huber und bewerben sich um diese Arbeitsstelle.*

- *Grund des Schreibens*

- *Ihre Qualifikation*

- *Tätigkeit im Moment*

- *Interesse am Job*

....

4. *Im Fenster einer Bäckerei haben Sie ein Schild gesehen. Ein Verkäufer/ eine Verkäuferin wird gesucht. Sie bewerben sich um die Stelle.*

- *Grund des Schreibens*

- *Ihre Qualifikation*

- *Tätigkeit im Moment*

- *Interesse am Job*

5. Reklamation

Aufgabe 1

Setzen Sie diese Wörter an den passenden Stellen ein:

Firma - freundlichen - Herren - bestellt - funktioniert

Sehr geehrte Damen und ....,

ich habe eine Kaffeemaschine bei Ihnen ....

Das Gerät .... leider nicht. Ich finde das wirklich sehr

ärgerlich. Bisher war ich immer mit Ihrer .... zufrieden.

Ich erwarte von Ihnen, dass Sie mir ein neues Gerät senden.

Mit .... Grüßen

Maria Pizzarro

5. Reklamation, Einsetzübung

Aufgabe 2

<u>Setzen Sie diese Wörter an den passenden Stellen ein:</u>

renovieren - geehrter - Handwerker - ärgerlich - Wand

Sehr .... Herr Brand,

ich habe meine Wohnung von Ihnen .... lassen.

Die .... haben aber nicht gut gearbeitet.

An einer .... sind sogar Streifen!

Ich finde das wirklich sehr ....

Ihre Handwerker müssen noch einmal kommen und den Schaden

ausbessern.

Mit freundlichen Grüßen

Alina Schröder

5. Reklamation, Einsetzübung

Aufgabe 3

<u>Setzen Sie diese Wörter an den passenden Stellen ein:</u>

funktioniert - freundlichen - repariert - Sehr - wirklich - schnell

.... geehrte Hausverwaltung,

seit drei Wochen .... die Klingel von meiner

Wohnung nicht. Ich habe schon oft mit dem Hausmeister

gesprochen, aber er .... sie nicht.

Ich bin .... sehr verärgert.

Ich erwarte, dass Sie die Klingel so .... wie

möglich reparieren.

Mit .... Grüßen

Karin Schmidt

5. Reklamation, Einsetzübung

Aufgabe 4

Setzen Sie diese Wörter an den passenden Stellen ein:

bestellt - Rechnung - Kunde - Damen - neue

Sehr geehrte .... und Herren,

ich habe bei Ihnen eine Hose .... Sie kostet im

Katalog 29 €. Auf der .... steht aber 49 €.

Ich bin seit vielen Jahren ein guter .... von Ihnen

und war immer zufrieden.

Aber diesmal nicht. Ich bezahle die Rechnung nicht.

Schicken Sie mir eine ...., korrekte Rechnung.

Mit freundlichen Grüßen

Hans-Peter Kleinert

5. Reklamation, *Aufgabe 4*
Grammatik zum Brief: *Akkusativ, Perfekt*

<u>Schreiben Sie Sätze mit diesen Stichwörtern:</u>

Beispiel: ich - kaufen – Drucker   Sie – renovieren - Bad
Ich habe bei Ihnen einen Drucker gekauft.   Sie haben mein Bad renoviert.

1. ich - bestellen - Fernseher

....

2. ich - kaufen - Lampe

....

3. Sie - renovieren - Wohnung

....

4. ich - kaufen - Mantel

....

5. ich - bestellen - Kinderbett

....

6. Sie - Heizung - reparieren

....

5. Reklamation, *Aufgabe 5*
Grammatik zum Brief: *Nebensätze mit "dass"*

<u>Schreiben Sie Sätze wie im Beispiel:</u>

ich - erwarten – Sie - ein neues Gerät schicken

Ich erwarte, dass Sie ein neues Gerät schicken.

1. ich - verlangen – Sie - den Kaufpreis erstatten

....

2. ich - erwarten – Sie - das Gerät reparieren

....

3. ich - möchten - die Handwerker nochmal kommen

....

4. ich - erwarten - Sie - mir das Geld zurückgeben

....

5. ich - verlangen – Sie - das defekte Gerät abholen

....

6. ich - erwarten – Sie - mir eine neue Rechnung senden

5. Reklamation, Redemittel

Die Situation

....

Ich habe bei Ihnen ....bestellt. Das Gerät funktioniert nicht.

Ich habe bei Ihnen .... bestellt. Sie haben mir aber ....
geliefert.

Leider ist das gelieferte Gerät defekt.

Ich habe von Ihrer Firma meine Wohnung renovieren lassen. Die
Handwerker haben aber nicht gut gearbeitet.

....

Ihre Reaktion

....

Ich habe schon bei Ihnen angerufen, aber niemanden erreicht.

Ich finde das wirklich sehr ärgerlich.

Ich bin sehr verärgert.

Bisher war ich immer mit Ihrer Firma zufrieden.

Ich bin ein guter Kunde von Ihnen.

....

Ihre Forderung

....

Ich erwarte von Ihnen, dass Sie mir ein neues Gerät senden.

Ich verlange mein Geld zurück.

Ihre Handwerker müssen noch einmal kommen.

Bitte senden Sie mir schnell ein neues Gerät.

Bitte reparieren Sie den Schaden schnell.

5. Reklamation, Schreibaufgaben

1. *Sie haben im Versandhaus Willi einen Geschirrspüler bestellt. Er ist geliefert worden, aber leider funktioniert er nicht gut. Das Geschirr ist nicht sauber.*

- *Sie erklären die Situation.*

- *Sie sind verärgert.*

- *Sie wollen, dass das Gerät abgeholt wird.*

- *Sie möchten ein neues Gerät.*

....

2. *Sie haben das Wohnzimmer von der Malerfirma Brand streichen lassen. Die Handwerker waren da, aber sie haben nicht sauber gearbeitet. An einer Wand sind Flecken und Streifen. Sie schreiben an die Firma Brand.*

- *Sie erklären die Situation.*

- *Sie sind nicht zufrieden.*

- *Sie reklamieren.*

- *Bitte schnelle Antwort.*

....

3. *In Ihrer Wohnung funktioniert die Heizung nicht. Sie haben schon bei der Hausverwaltung angerufen, aber niemanden erreicht. Sie wollen, dass die Heizung schnell repariert wird.*

- *Sie erklären die Situation.*

- *Es ist kalt.*

- *Reparatur!*

- *Schnell!*

....

4. *Sie haben einen Fernseher bestellt. Er ist geliefert worden, er funktioniert gut. Aber die Rechnung ist höher als Sie erwartet haben. Im Internet sollte er 650 € kosten. Sie haben eine Rechnung über 750 € bekommen.*

- *Sie erklären die Situation.*

- *Sie sind verärgert.*

- *Sie bezahlen die Rechnung nicht.*

- *Neue Rechnung!*

6. Um Hilfe bitten
Aufgabe 1

<u>Setzen Sie diese Wörter an den passenden Stellen ein:</u>

Dank	Problem	Firma	Nächste	Hilfe

Liebe Frau Gabel,

ich habe ein .... und brauche Ihre ....

Ich muss zur Zeit viele Überstunden machen, wir

haben sehr viel Arbeit in der ....

Könnten Sie am Nachmittag mit meinem Hund raus-

gehen? Das wäre sehr nett. Es ist nur diese Woche.

.... Woche habe ich Urlaub. Dann lade ich Sie

zum Frühstück ein.

Vielen .... und viele Grüße

Gabriele Butterfass

6. Um Hilfe bitten
Aufgabe 2

Ordnen Sie diese Sätze und schreiben Sie den Brief richtig:

....

Sie haben ja schon meinen Schlüssel.

....

ich habe ein Problem.

....

Können Sie um 10.30 Uhr meine Tür öffnen?

....

Vielleicht können Sie mir helfen.

....

Liebe Frau Müller,

....

Regina Weiß

....

Am Montag kommt der Wasserableser, aber ich muss arbeiten.

....

Herzliche Grüße

....

Vielen Dank im Voraus.

....

6. Um Hilfe bitten
Aufgabe 3

Welches Wort passt? Streichen Sie das falsche Wort und schreiben Sie den Brief richtig.

Lieber Herr Haas,

meine Mutter ist leider sehr krank. Deshalb/Trotzdem

muss ich nach Köln fahren. Müssen/Könnten Sie in

der Zeit meine Blumen gießen?

Ich weiß noch nicht, wie lange/wann ich dort bleibe.

Vielleicht eine Woche.

Vielen Dank im später/Voraus.

Herzliche Grüße/Bitte

Fritz Walter

6. Um Hilfe bitten

Aufgabe 4

<u>*Richtig oder falsch? Markieren Sie r (richtig) oder f (falsch):*</u>

Liebe Frau Kunz,

könnten Sie ausnahmsweise am Mittwoch auch nachmittags arbeiten? Ich habe einen ganz dringenden Termin beim Rechtsanwalt. Bitte sagen Sie mir Bescheid, ob Sie mich am Mittwoch vertreten können. Ich kann dann auch gern an einem anderen Tag für Sie einspringen.
 Vielen Dank im Voraus.

Viele Grüße
Vera Kowalski

1. Frau Kunz arbeitet immer mittwochs nachmittags.   r/f

2. Frau Kowalski hat einen Arzttermin.   r/f

3. Frau Kowalski muss zum Rechtsanwalt.   r/f

4. Frau Kunz soll Bescheid sagen.   r/f

5. Frau Kowalski kann auch für Frau Kunz arbeiten.   r/f

6. Um Hilfe bitten
Aufgabe 5

Grammatik zum Brief : ***Verwendung von "deshalb"***

<u>*Schreiben Sie Sätze wie im Beispiel:*</u>

Ich muss zum Arzt. Ich kann nicht auf meine Kinder aufpassen.
Ich muss zum Arzt. Deshalb kann ich nicht auf meine Kinder aufpassen.

1. Wir haben viel Arbeit in der Firma. Ich muss Überstunden machen.

....

2. Meine Schwester ist krank. Ich muss zu ihr fahren.

....

3. Ich brauche Ihre Hilfe. Ich schreibe an Sie.

....

4. Ich bin auf Geschäftsreise. Ich kann nicht zur Teamsitzung kommen.

....

6. Um Hilfe bitten
Aufgabe 6

Grammatik zum Brief : **Die höfliche Bitte**

Schreiben Sie Sätze wie im Beispiel:

Beispiel: meine Katze füttern
Könnten Sie bitte meine Katze füttern?

1. mit meinem Hund spazieren gehen

....

2. auf meine Kinder aufpassen

....

3. meinen Garten gießen

....

4. meine Telefonanrufe entgegennehmen

....

5. das Protokoll für mich übernehmen

....

6. Um Hilfe bitten   Redemittel

Einleitung

....

Ich brauche dringend Ihre Hilfe.

Ich habe ein Problem. Vielleicht können Sie mir helfen.

....

Die Situation erklären

....

Am Montag kommt der Heizungsableser. Ich bin aber nicht zu Hause.

Ich muss zur Zeit sehr viel arbeiten und habe keine Zeit, mit dem Hund raus zu gehen.

Ich habe am Freitag einen Termin beim Amt.

Ich muss zu meiner Mutter nach Köln fahren.

....

Die höfliche Bitte

....

Könnten Sie diese Woche ausnahmsweise vormittags arbeiten?

Könnten Sie mit meinem Hund spazieren gehen?

Könnten Sie auf meine Kinder aufpassen?

Könnten Sie meine Blumen gießen?

Könnten Sie mich vertreten?

....

Vielen Dank im Voraus.

6. Um Hilfe bitten   Schreibaufgaben

1. Sie haben keine Zeit, mit Ihrem Hund spazieren zu gehen, weil Sie zur Zeit sehr viel arbeiten müssen. Sie schreiben einen Zettel für Ihren Nachbarn Herr Müller. Er hat Ihren Schlüssel.

- Grund des Schreibens

- Bitte an Herrn Müller

- bedanken Sie sich

- Schlüssel?

....

2. Am Freitag haben Sie einen sehr wichtigen Termin beim Finanzamt. Sie können Ihre Kinder nicht mitnehmen. Schreiben Sie einen Zettel an Ihre Nachbarin Frau Gabel.

- Grund des Schreibens

- Bitte an Frau Gabel

- bedanken Sie sich

- genaue Uhrzeit

....

3. Sie müssen für einige Tage nach Köln fahren, weil Ihre Mutter krank ist. Sie schreiben einen Zettel an Ihre Nachbarin Frau Weber. Sie bitten Frau Weber, dass sie Ihre Blumen gießt.

- Grund des Schreibens

- Bitte an Frau Weber

- bedanken Sie sich

- Wie lange?

....

4. Sie haben einen Arzttermin und kommen später zur Arbeit. Bitten Sie eine Kollegin per E-mail, Ihre Telefonate zwischen 8 und 9 entgegenzunehmen.

- Grund des Schreibens

- Bitte an Ihre Kollegin

- bedanken Sie sich

  – dem Chef Bescheid sagen

  –

7. Bitte um Information (Anfrage)
Aufgabe 1

<u>Setzen Sie diese Wörter an den passenden Stellen ein:</u>

Gymnastik	Herren	früher	Informationen	passende	Kurs

Sehr geehrte Damen und ....,

ich hätte gern .... über das

Sportangebot in Neustadt. Ich suche eine ....

Sportaktivität für mich. Ich habe .... Aerobic

gemacht, aber ich interessiere mich auch für

.... oder Volleyball.

Wichtig ist für mich, dass der .... nach

19 Uhr stattfindet, weil ich bis 18 Uhr arbeite.

Mit freundlichen Grüßen

Karin Klein

7. Bitte um Information (Anfrage)
Aufgabe 2

Richtig oder falsch? Markieren Sie r oder f:

Sehr geehrte Damen und Herren,

ich hätte gern eine Auskunft. Ich möchte die deutsche Staatsbürgerschaft beantragen. Deshalb möchte ich einen Einbürgerungstest machen.

Wann findet der nächste Test statt? Ich habe mich schon am PC darauf vorbereitet.

Ich möchte mich gern für den nächstmöglichen Termin anmelden.

Mit freundlichen Grüßen

Mina Miller

1. Frau Miller möchte Deutsche werden.   r/f

2. Sie hat schon den Einbürgerungstest gemacht.   r/f

3. Sie kennt den Termin.   r/f

4. Sie hat sich vorbereitet.   r/f

5. Sie möchte so schnell wie möglich
   den Einbürgerungstest machen.   r/f

7. Bitte um Information (Anfrage)
Aufgabe 3

Schreiben Sie das Wort richtig. Benützen Sie alle Buchstaben.

Sehr geehrte Damen und Herren,

ich hätte gern einige (fortioInnenma) ....

von Ihnen. Ich möchte gern wissen, ob Sie in Ihrer

(ulschSparche)............................. auch Spanisch für

Fortgeschrittene anbieten. Ich habe schon zwei Jahre

in (kurAbsenend)................................... Spanisch gelernt und das

Niveau A2 erreicht. Jetzt bin ich neu nach Ludwigshafen gezogen

und würde gern (trewei) .... Spanisch lernen.

Bitte senden Sie mir das Kursprogramm zu.

Mit freundlichen Grüßen

Albert Klotz

7. Bitte um Information (Anfrage), *Aufgabe 4*

Bringen Sie die Sätze in die richtige Reihenfolge.

....

Mit freundlichen Grüßen

....

Bitte senden Sie uns Broschüren mit Angeboten zu.

....

Wir interessieren uns besonders für Wandern in unberührter Natur.

....

Sehr geehrte Damen und Herren,

....

könnten Sie uns bitte beraten?

....

Wir möchten im Herbst nach Polen reisen.

....

Welche Landschaft empfehlen Sie uns?

....

Peter und Gisela Klein

....

7. Bitte um Information (Anfrage), *Aufgabe 5*
Grammatik zum Brief : *Imperativ mit "Sie"*

<u>Schreiben Sie Sätze wie im Beispiel:</u>

Beispiel: einen Katalog zusenden
Bitte senden Sie uns einen Katalog zu.

1. mir ein Angebot machen

....

2. uns anrufen

....

3. mir Vorschläge machen

....

4. mir ein Ticket reservieren

....

5. mir ein Formular schicken

....

6. uns eine Auskunft geben

7. Bitte um Information (Anfrage), Redemittel

Einleitungssatz

....

Können Sie mich bitte beraten?

Ich hätte gern eine Information.

Ich habe eine Frage.

Ich brauche eine Information von Ihnen.

Ich brauche eine Auskunft.

....

Frage

....

Ich möchte nach China reisen. Brauche ich da besondere Impfungen?

Ich möchte günstig nach Schweden reisen. Welche Möglichkeiten gibt es?

Ich möchte Spanisch lernen. Wann beginnt der nächste Kurs?

Ich interessiere mich für .... Bitte senden Sie mir Informationsmaterial zu.

Ich konnte im Internet keine Information über .... finden.

Ich habe die Absicht, ... zu kaufen. Aber ich habe noch einige Fragen.

....

Schluss

....

Vielen Dank für Ihre Mühe.

Ich bedanke mich im Voraus für Ihre Auskunft.

7. Bitte um Information, Schreibaufgaben

1. Sie möchten nach China reisen. Sie schreiben an die chinesische Botschaft.

- Besondere Impfungen?

- Visum beantragen. Formulare?

- Informationen über das Land

- Führungen in deutscher Sprache?

....

2. Sie schreiben eine E-mail an das Reisebüro. Sie möchten nach Schweden reisen. Sie interessieren sich für Schwimmen und Surfen.

- Warmes Klima?

- Günstige Übernachtung?

- Familienurlaub

- Kinderprogramm?

....

3. Sie schreiben eine E-mail an die VHS in Ihrer Stadt. Sie möchten so schnell wie möglich einen Französischkurs machen.

- Wann?

- Wo?

- Anfängerkurs

- Abends ab 18 Uhr

....

4. Sie möchten einen Deutschkurs B2 machen. Sie schreiben eine e-mail an die VHS in Ihrer Stadt.

- Wann ?

- Wo?

- Wie viele Teilnehmer?

- Können Sie und Ihre Freundin sich schon dafür anmelden?

8. Kündigung, *Aufgabe 1*

<u>Setzen Sie diese Wörter an den passenden Stellen ein:</u>

ziehen	fristgemäß	geehrte	Arbeitsstelle	Mietvertrag

Sehr .... Damen und Herren,

hiermit kündigen wir unseren .... für die

Wohnung Schlossgasse 21, Erdgeschoss links ....

zum 1. 4. 2010.

Wir .... nach Bruchhausen um, weil ich dort eine

neue .... gefunden habe.

Mit freundlichen Grüßen

Lisa und Wolfgang Bär

8. Kündigung, *Aufgabe 2*

Ordnen Sie die Sätze in der richtigen Reihenfolge. Schreiben Sie den Brief richtig:

....

Ich ziehe aus beruflichen Gründen um und mein neuer Wohnort ist 50 km entfernt.

....

Mit herzlichen Grüßen

....

Sehr geehrte Damen und Herren,

....

Vielen Dank für alles.

....

hiermit möchte ich meine Mitgliedschaft im Sportverein VfR kündigen.

....

Daher werde ich in Zukunft dort einem Sportverein beitreten.

....

Friedrich Lutz

8. Kündigung, *Aufgabe 3*

<u>Schreiben Sie die Wörter in Klammern richtig. Verwenden Sie alle Buchstaben:</u>

Sehr (eeegrth)........................... Damen und Herren,

hiermit (diküneg) .... ich meine Autoversicherung,

(mmerNu) .... 55873600, für meinen Opel Astra,

Kennzeichen KAXJ - 533 zum 1. 12. 2000.

Ich habe den (gaWen) .... verkauft.

Mit (lifruechndne) .... Grüßen

Emil Sommer

8. Kündigung, *Aufgabe 4*

<u>Setzen Sie diese Wörter an den passenden Stellen ein:</u>

kündige	Grüßen	Gebühren	Handyvertrag	arbeitslos

Sehr geehrte Damen und Herren,

hiermit .... ich meinen ....

(Nr. 574327).

Da ich zur Zeit .... bin, kann ich

die .... nicht mehr bezahlen.

Mit freundlichen ....

Gabriele Schmitt

8. Kündigung, *Aufgabe 5*

Grammatik zum Brief : Nebensatz mit „da"

<u>Schreiben Sie Sätze wie im Beispiel. Schreiben Sie zwei Varianten:</u>

Beispiel:

ich - umgezogen sein - nicht mehr ins Sportstudio kommen

Da ich umgezogen bin, komme ich nicht mehr ins Sportstudio.

Ich komme nicht mehr ins Sportstudio, da ich umgezogen bin.

1. ich - eine neue Arbeitsstelle haben - umziehen

....

....

2. mein Mann - keine Arbeit haben - die Versicherung nicht mehr bezahlen können

....

....

3. meine Tochter - krank sein - keinen Sport machen können

....

....

ich - das Motorrad verkauft haben - Versicherung kündigen

....

....

8. Kündigung, *Aufgabe 6*

Grammatik zum Brief : Akkusativ

<u>Schreiben Sie den Einleitungssatz für eine Kündigung:</u>

Beispiel:

der Handyvertrag

Hiermit kündige ich meinen Handyvertrag.

1. die Lebensversicherung

....

2. die Mitgliedschaft

....

3. der Sparvertrag

....

4. der Mietvertrag

....

5. die Krankenversicherung

....

6. das Abonnement

....

8. *Kündigung, Redemittel*

Einleitungssatz

....

Hiermit kündige ich meinen Vertrag/meine Versicherung ...
(Kundennummer/Mitgliedsnummer/Versicherungsnummer)
zum .... (Datum)

z. B. Hiermit kündige ich meinen Mietvertrag fristgemäß zum
.... (Datum).
Ich möchte meine Mitgliedschaft beim Sportverein .... kündigen.
Meinen Mietvertrag für die Wohnung ......(Adresse) möchte ich hiermit
kündigen.

....

Grund für die Kündigung

....

Weil / Da wir nach Bremen umziehen, kündige ich meine Mitgliedschaft im
Sportverein.

Ich möchte meine Mitgliedschaft im Sportverein kündigen, weil / da wir
nach Bremen umziehen.

Wir ziehen nach Bremen um . Deshalb kündige ich meine Mitgliedschaft
im Sportverein.

8. Kündigung, Schreibaufgaben

1. Sie haben ein günstigeres Angebot gefunden. Deshalb kündigen Sie Ihren Handyvertrag.

2. Sie ziehen nach Neustadt um. Deshalb kündigen Sie Ihre Mitgliedschaft im Schwimmverein.

3. Sie sind krank. Deshalb kündigen Sie ihren Vertrag im Fitnesscenter.

4. Sie haben eine andere Arbeitsstelle gefunden. Deshalb kündigen Sie Ihren Arbeitsvertrag.

5. Ihr Kind möchte nicht mehr Klavier spielen. Deshalb kündigen Sie den Vertrag mit der Musikschule.

6. Sie kündigen den Vertrag mit Ihrer Telefongesellschaft, weil Sie ins Ausland ziehen.

7. Sie wohnen in einer Eigentumswohnung. Gemeinsam mit den anderen Eigentümern kündigen Sie dem Hausmeister, weil Sie mit seiner Arbeit nicht zufrieden sind. Die Gartenanlagen sehen nicht gut aus und der Hausmeister ist unfreundlich.

8. Sie kündigen Ihre Lebensversicherung, weil Sie die Gebühren nicht mehr bezahlen können. Sie möchten das Geld so schnell wie möglich ausbezahlt bekommen.

Lösungsteil für die Übungen:

1. Einladung

1   *Dank, Spezialitäten, Feier, Bescheid, herzlichen*

2   *Liebe, Hochzeit, Feier, geben, Grüßen*

3   *Sehr geehrte, sehr geehrter, Sie (statt Ihnen), am (statt im), im (statt am), freundlichen*

4   *1. zum   2. zur   3. zum   4. zur   5. zum   6. zum   7. zum   8. zur   9. zur   10. zum*

5   *1. Wir laden Sie zum Frühstück auf der Terrasse ein.*

     2. Die Geburtstagsfeier findet im Restaurant Grüner Baum statt.

     3. Bitte rufen Sie uns so schnell wie möglich an.

     4. Der Vortrag findet am Mittwoch Abend im Rathaus statt.

     5. Ich möchte Sie zum Abendessen einladen.

     6. Ich lade Sie zur Silberhochzeit ins Restaurant Berghütte ein.

     7. Sie können uns abends nach 17 Uhr anrufen.

2. Positive Antwort

1   *Sehr geehrte Frau Hoffmann,*

vielen Dank für die Einladung zur Weihnachtsfeier in der Firma. Ja, ich habe Zeit und komme gern. Ich bringe auch meinen Mann mit. Wir kommen pünktlich um 19 Uhr, aber wir müssen etwas früher nach Hause gehen, so gegen 21 Uhr. Wir müssen am nächsten Tag früh aufstehen, weil wir nach Kuba in Urlaub fahren.

Mit freundlichen Grüßen

Angelika Weiß

2   *Dank, natürlich, mitbringen, Kinder, Wetter, Schweinefleisch, Grüße*

3   *1. Können wir unsere Tochter mitbringen?*

     2. Können wir unsere Kinder mitbringen?

     3. Kann ich meinen Bruder mitbringen?

     4. Können wir unseren Schwiegervater mitbringen?

     5. Kann ich meine Schwägerin mitbringen?

4
1. Wir freuen uns auf das Fest.

2. Du freust dich auf den Vortrag.

3. Ich freue mich auf den Sonntag.

4. Ihr freut euch auf das Betriebsfest.

5. Die Kinder freuen sich auf die Grillparty.

5
1. Ich möchte gern wissen, ob auch vegetarisches Essen da ist.

2. Ich möchte gern wissen, ob wir einen Salat mitbringen sollen.

3. Ich möchte gern wissen, wann das Konzert zu Ende ist.

4. Ich möchte gern wissen, wie viele Personen kommen werden.

5. Ich möchte gern wissen, wo ich dort parken kann.

3. Negative Antwort

1 Einladung, arbeiten, Termin, freitags, Verständnis

2 geehrte, Betriebsfest, Deutschland, Dank, Grüßen

3
1. Leider können wir nicht an der Veranstaltung teilnehmen.

   Wir können leider nicht an der Veranstaltung teilnehmen.

2. Leider kann meine Tochter morgen nicht zur Schule kommen.

   Meine Tochter kann morgen leider nicht zur Schule kommen./

   Meine Tochter kann leider morgen nicht zur Schule kommen.

3. Leider kann ich beim Sommerfest nicht helfen.

   Ich kann leider beim Sommerfest nicht helfen./

   Ich kann beim Sommerfest leider nicht helfen.

4
1. Ich kann nicht zur Verlobung kommen, weil ich auf Geschäftsreise bin.

2. Petra kann nicht zum Deutschkurs kommen, weil sie einen Arzttermin hat.

3. Kai kann nicht beim Umzug helfen, weil er Grippe hat.

4. Oliver kann am Wochenende nicht kommen, weil er müde ist.

5. Ich gehe nicht mit ins Kino, weil ich den Film nicht gut finde.

4. Bewerbung

1.   *Frau, Anzeige, suchen, Firma, Fahrer, Grüßen*

2.   *Damen, Anzeige, Produktionshelfer, gearbeitet, freundlichen*

3.   *Herren, Anzeige, Verkäuferin, Bäckerei, Grüßen*

4.   *gelesen, Führerschein, Jahre, interessiere, freundlichen*

5.   *Arbeitsagentur, Frisörin, Frisörsalon, Einladung, Mit*

5. Reklamation

1.   *Herren, bestellt, funktioniert, Firma, freundlichen*

2.   *geehrter, renovieren, Handwerker, Wand, ärgerlich*

3.   *Sehr, funktioniert, repariert, wirklich, schnell, freundlichen*

4.   *Damen, bestellt, Rechnung, Kunde, neue*

5.
   1. Ich habe bei Ihnen einen Fernseher bestellt.

   2. Ich habe bei Ihnen eine Lampe gekauft.

   3. Sie haben meine Wohnung renoviert.

   4. Ich habe bei Ihnen einen Mantel gekauft.

   5. Ich habe bei Ihnen ein Kinderbett bestellt.

   6. Sie haben meine Heizung repariert.

6.
   1. Ich verlange, dass Sie den Kaufpreis erstatten.

   2. Ich erwarte, dass Sie das Gerät reparieren.

   3. Ich möchte, dass die Handwerker noch einmal kommen.

   4. Ich erwarte, dass Sie mir das Geld zurückgeben.

   5. Ich verlange, dass Sie das defekte Gerät abholen.

   6. Ich erwarte, dass Sie mir eine neue Rechnung senden.

6. Um Hilfe bitten

1   *Problem, Hilfe, Firma, Nächste, Dank*

2   *Liebe Frau Müller,*

ich habe ein Problem. Vielleicht können Sie mir helfen.

Am Montag kommt der Wasserableser, aber ich muss arbeiten. Können Sie um 10.30 Uhr meine Tür öffnen? Sie haben ja schon meine Schlüssel.

Vielen Dank im Voraus.

Herzliche Grüße

Regina Weiß

3   *Deshalb, Könnten, wie lange, Voraus, Grüße*

4   *1f, 2f, 3r, 4r, 5r*

5   *1. Wir haben viel Arbeit in der Firma. Deshalb muss ich Überstunden machen.*

 2. Meine Schwester ist krank. Deshalb muss ich zu ihr fahren.

 3. Ich brauche Ihre Hilfe. Deshalb schreibe ich an Sie.

 4. Ich bin auf Geschäftsreise. Deshalb kann ich nicht zur Teamsitzung kommen.

6   *1. Könnten Sie bitte mit meinem Hund spazieren gehen?*

 2. Könnten Sie bitte auf meine Kinder aufpassen?

 3. Könnten Sie bitte meinen Garten gießen?

 4. Könnten Sie bitte meine Telefonanrufe entgegennehmen?

 5. Könnten Sie bitte das Protokoll für mich übernehmen?

7. Anfrage, Bitte um Information

1   *Herren, Informationen, passende, früher, Gymnastik, Kurs*

2   *1r, 2f, 3f, 4r, 5r*

3   *Informationen, Sprachschule, Abendkursen, weiter*

4　　*Sehr geehrte Damen und Herren,*

könnten Sie mich bitte beraten?

Wir möchten im Herbst nach Polen reisen. Wir interessieren uns besonders für Wandern in unberührter Natur. Welche Landschaft empfehlen Sie uns?

Bitte senden Sie uns Broschüren mit Angeboten zu.

Mit freundlichen Grüßen

Peter und Gisela Klein

5　　*1. Bitte machen Sie mir ein Angebot.*

　　2. Bitte rufen Sie uns an.

　　3. Bitte machen Sie mir Vorschläge.

　　4. Bitte reservieren Sie mir ein Ticket.

　　5. Bitte schicken Sie mir ein Formular.

　　6. Bitte geben Sie uns eine Auskunft.

8. Kündigung

1　　*geehrte, Mietvertrag, fristgemäß, ziehen, Arbeitsstelle*

2　　*Sehr geehrte Damen und Herren,*

hiermit möchte ich meine Mitgliedschaft im Sportverein VfR kündigen. Ich ziehe aus beruflichen Gründen um und mein neuer Wohnort ist 50 km entfernt. Daher werde ich in Zukunft dort einem Sportverein beitreten.

Vielen Dank für alles.

Mit herzlichen Grüßen

Friedrich Lutz

3　　*geehrte, kündige, Nummer, Wagen, freundlichen*

4　　*kündige, Handyvertrag, arbeitslos, Gebühren, Grüßen*

5　　*1. Da ich eine neue Arbeitsstelle habe, ziehe ich um.*

　　Ich ziehe um, da ich eine neue Arbeitsstelle habe.

　　2. Da mein Mann keine Arbeit hat, kann er die Versicherung nicht mehr bezahlen.

　　Mein Mann kann die Versicherung nicht mehr bezahlen, da er keine Arbeit hat.

　　3. Da meine Tochter krank ist, kann sie keinen Sport machen.

　　Meine Tochter kann keinen Sport machen, da sie krank ist.

4. Da ich das Motorrad verkauft habe, kündige ich die Versicherung.

Ich kündige die Versicherung, da ich das Motorrad verkauft habe.

6 *1. Hiermit kündige ich meine Lebensversicherung.*

2. Hiermit kündige ich die Mitgliedschaft.

3. Hiermit kündige ich den Sparvertrag.

4. Hiermit kündige ich den Mietvertrag.

5. Hiermit kündige ich die Krankenversicherung.

6. Hiermit kündige ich das Abonnement.

Anmerkungen für Kursleiter:

Es ist eine große Herausforderung, Deutschkurse auf den Prüfungsteil Schreiben vorzubereiten. Noch größer ist die Aufgabe, dies in Alphaklassen zu tun.

Die Klassen möchten wissen, welche Briefthemen in den Prüfungen häufig drankommen. Deshalb habe ich hier die wichtigsten Brieftypen charakterisiert und Aufgaben dazu angeboten.

Der Aufgabentyp Schütteltext ist so gestaltet, dass die Teile auseinandergeschnitten werden können. Das erleichtert das Ordnen des Textes und ist für Alphaklassen geeignet.

Wörter, die häufig Probleme bei der Rechtschreibung verursachen, kommen sehr oft in den Aufgaben vor und müssen wiederholt geschrieben werden. Das Ziel ist ein Einschleifen der richtigen Schreibweise.

Bei jedem Brieftyp sind auch immer wieder ähnliche Probleme mit der Grammatik zu beobachten. Diese können hier auch geübt werden. Erst zum Schluss, wenn die TN mit dem Wortschatz und den grammatikalischen Schwierigkeiten vertraut sind, gibt es eine Redemittelliste und Briefaufgaben. Ganz bewusst gibt es keine Musterlösungen zu diesen Aufgaben. Alle TN müssen eine individuelle Lösung finden, auch wenn sie bausteinartig Hilfestellung bekommen. Es muss auf jeden Fall vermieden werden, dass TN Briefe auswendig lernen und dann in der Prüfung reproduzieren.

In sehr schwachen Alphaklassen kann der KL zuerst den Brief komplett vorlesen, mit den einzusetzenden Wörtern an der richtigen Stelle, die Inhalte besprechen, Wortschatz an der Tafel erklären und dann erst die Aufgabe austeilen. Bei diesen TN ist es auch wichtig, dass sie die Aufgabe dann noch komplett ins Heft abschreiben, um die Schreibweise neuer Wörter zu üben.

In Klassen mit guter Lernleistung können die TN sich gegenseitig Briefe schreiben und sie beantworten. Dafür eignet sich z. B. die Einladung mit der entsprechenden positiven oder negativen Antwort.

Das Übungsbuch eignet sich auch für Selbstlerner. Daher ist auch ein Lösungsteil für die Übungen angefügt.

Briefe schreiben ist nicht nur als Prüfungsvorbereitung, sondern auch für das tägliche Leben und die Bewältigung des Alltags sehr wichtig.

Ich wünsche allen Lehrenden und Lernenden gutes Gelingen.

Gisela Darrah